澳门口述历史丛书

文化公所 Hall de Cultura

龙环春秋

澳门氹仔老街坊口述历史

林发钦——主编

广西师范大学出版社 GUANGXI NORMAL UNIVERSITY PRESS
·桂林·

著作权合同登记号桂图登字：20-2016-215 号

图书在版编目（CIP）数据

龙环春秋：澳门氹仔老街坊口述历史 / 林发钦主编．—桂林：广西师范大学出版社，2018.7
（澳门口述历史丛书）
ISBN 978-7-5598-0470-9

Ⅰ．①龙… Ⅱ．①林… Ⅲ．①澳门—地方史—史料 Ⅳ．①K296.59

中国版本图书馆 CIP 数据核字（2018）第 065272 号

广西师范大学出版社出版发行
（广西桂林市五里店路 9 号 邮政编码：541004
网址：http://www.bbtpress.com）
出版人：张艺兵
全国新华书店经销
桂林漓江印刷厂印刷
（广西桂林市西清路 9 号 邮政编码：541001）
开本：720 mm ×1 010 mm 1/16
印张：10 字数：140 千字
2018 年 7 月第 1 版 2018 年 7 月第 1 次印刷
印数：0 001~5 000 册 定价：38.00 元

前　言

现代口述历史源于美国，后为保存“公众记忆”的历史记录方式。那么，怎么理解口述历史呢？中华上下五千年，无论是远古先民传说，还是春秋战国智者先贤口头传授并编撰成书的《论语》之类，抑或近现代各种形式的社会调查、媒体访谈，乃至老一辈人给子孙讲述的家庭渊源或个人往事，等等，都可以理解为广义的口述历史。

近些年随着越来越多人的关注，口述历史已不仅仅局限于“记录”，而是越来越注重对访谈员的专业培训，以及研究领域的专业规范。正如英国学者保罗·汤普森（Paul Thompson）所谓“用人民自己的语言把历史交还给人民”，说的就是口述历史在史料征集及现代史学研究上的专业性、规范性及平民性的特点。

在澳门历史研究中，口述历史日渐受到重视。2008年，为加强澳门学术研究，打造特色研究平台，澳门口述历史协会应运而生。协会的宗旨是团结专家学者和青年学生，利用科学方法，推进口述历史资料的采集、编辑和研究工作，并通过对民间私家著述和公私文书资料的收集、整理，促进澳门历史研究的发展，提升澳门的文化形象。澳门口述历史协会成立至今，深入不同的社区开展了多项口述历史访谈，从新桥、下环、福隆、十月初五街到氹仔、路环，访谈不同阶层的澳门老居民数百人，以“社区变迁”和“行业兴衰”两个视角，透过受访者口述“亲历、亲见、亲闻”的回忆，从不同方面反映澳门社会近百年的历史发展，并保存了大量视频、音频、图片和文字，为保存社区历史、弘扬社区文化做出了一定贡献。

协会近年来计划将以往访谈成果汇总成“澳门口述历史丛书”（以下简称“丛书”），并开始分批出版。从内容上来讲，本“丛书”涉及人物、家庭、行业、社区、风俗等专题，不仅补充了澳门现代史文字资料之不足，亦丰富了澳门历史。就早前对澳门历史研究情况的考察，澳门现代史最重要的史料实为口述史料，而非文字史料。现今在世的已过古稀之年的老澳门人，经历了抗战、新中国成立、澳门回归等重大历史事件，他们的集体回忆构成了一幕幕最真实、生动的澳门现代历史图像。

另一方面，“丛书”于内地出版，在提升澳门文化传播辐射力的同时，亦能深化两地的文化交流。纵观澳门出版物现状，内容呈现多元化，图书市场空间虽有明显发展，但还面临不少问题，具有澳门本土特色的书籍一直很难大量在内地传播。而此次“丛书”由内地出版社出版发行，是澳门口述历史出版物在出版地域、传播途径上的一项大突破。

自访谈计划启动以来，协会访谈团队走进澳门的街头巷尾，寻觅那些濒临消失的人和事。经一位位古稀之年的澳门人的口述，以及我们的专业团队后期的整理、筛选、撰稿及史料研究、校对等工作，协会已经开始了编撰书稿进而出版的工作进程。

相信这些涉及澳门经济、历史、文化及社会生活等方方面面的鲜活的口述历史材料，以及文中所配珍贵的老照片，能很好地展现沧桑而又富有生命力的澳门风貌。

这本《龙环春秋——澳门氹仔老街坊口述历史》，是澳门口述历史协会团队对澳门氹仔老居民、老街坊进行访谈的整理稿。

当访谈者进行完访谈之后，我们先将访谈录音进行逐字逐句的转录，形成规范的转录稿，然后以第一人称再次修改成稿，理顺文字，增加大小标题，形成了预备交付出版的初稿。

附录“口述历史资料”是团队在项目进行时所做的一些基本记录，例如受访者的姓名、年龄、基本情况，访谈地点等，希望能够对此项目的整体面貌有一个清晰的把握。

本书图片资料是根据受访者提及的生活经历以及相关事情，尽可能地做的一些补充。

几年时间过去了，当年接受我们访谈的不少人，已经不可避免地年长了许多岁，更有人已经离开了我们。而当年我们协会这个由大学生、高中生组成的年轻的访谈员团队，如今均已经走向了社会，在不同的专业领域都有很好的发展，他们中有文博机构的公务员，有教师，有社会工作者，还有博士生。他们当年在口述历史协会所进行的口述访谈项目，对于他们更多地接触社会、锻炼提高他们的工作能力，有着莫大的帮助。

谨将本套丛书献给可爱的澳门以及生活在澳门这片土地上的人们。

目 录

用坚持和耐心打造成的虾酱

潘健康 口述

骆嘉怡 整理

二十世纪四十年代广兴隆门前，摘自黎鸿健《氹仔情怀》（民政总署，2010年），第40页

广兴隆蚝油虾酱，位于氹仔巴波沙总督前地，是一家饱经百年沧桑的虾酱名店，为澳门仅存的古法虾酱的生产地。每当经过人声鼎沸的猪扒包名店“大利”时，总会被它附近一股浓烈的虾酱味吸引；跟住香味走，便会发现一家外形古朴的“广兴隆蚝油虾酱”静静立于人前；门前还放着几个晒虾酱的大缸，深紫色的虾酱，散发着鲜美的咸虾香，令人食指大动。

三代人的打拼

我叫潘健康，1930年出生，祖籍广东南海。我祖父辈时就迁到氹仔定居，与当时许多氹仔居民一样，我们家以经营鱼栏为生，以制造蚝油、虾酱为副业。虾酱厂由祖父那代便开始了。祖父有一个合伙人的，后来那人去世，把工厂交给我父亲，父亲又交到我手上，说来称得上是三代人了。但起初我家工厂不是虾酱厂，是做渔业的，虾酱是副业。到后来由于海水太浅，渔船进不了这边的岸了，逐渐转到香港、越南等地，我们就不做渔业了，改为集中做蚝油、虾酱。

曾经沧海水难留

翻看起旧日照片，原来今天氹仔地堡街一带，过去曾为大海，汪洋一

地堡街 1

地堡街 2

片；二十世纪五十年代以前，每天至少有六七十艘渔船进进出出。后来，因为泥沙冲积，水浅了，较大的渔船进不了，到1960年左右，百分之八十的渔船都不再进我们这海岸了。我们做鱼栏的拿不到鱼，不得不结束经营。

以往地堡街一带都是鱼栏，一行十间八间的，也有一些山货铺（即渔具店，以卖绳、网等渔船用品为主），加上附近有爆竹厂、神香厂，为当时氹仔最热闹的城区。

很多鱼栏无法经营，相继结业以后，山货铺也跟住关门大吉；福无重至，祸不单行，六十年代的澳门，又遇上美国禁入爆竹，澳门爆竹行业陷入生死存亡边缘，神香业亦有衰退迹象。一时之间，澳门三大手工业以及渔业，都进行大洗礼，澳门进入经济大萧条的艰难时期。

广兴隆蚝油虾酱 1

时势艰苦　漂洋过活

那段日子，我们生活很困难，店里生意不好，入不敷出。我们的鱼栏倒是没有跟着结业，因为鱼栏向来以造虾酱、蚝油为副业，鱼栏做不下去时，觉得结业很可惜，结业后又得重新找屋子居住，所以我们决定改以造虾酱、蚝油为主业，支持店子继续下去。我十八九岁便接手了鱼栏，当年决定弃渔从虾酱，经历几番挣扎跟努力，鱼栏便在五十年代末蜕变为“广兴隆蚝油虾酱”，继续扎根于氹仔巴波沙总督前地。

六十年代中期，我们艰苦的生活不但没有改善，还因遇上经济大萧条而更加困难。当时氹仔人口少，但三大行业相继衰退，失业人口激增，男人尚且可以当苦力，女的基本上找不到工作。我家里有四个弟妹，我自己又有四个儿女，一共八个孩子在读书，经济负担非常大。所以六十年代中期，我就带着四个儿女到美洲谋生，减轻家里一半负担，而我家店子交由一个弟弟一个妹妹打理。当然那时铺里老伙计很多，大家都守望相助。

七十年代，我又回到澳门，重新接手广兴隆的生意至今。

做好每樽虾酱

我七八岁时，便开始在鱼栏跟父亲学做虾酱，到十八九岁，因父亲身体欠佳，我就正式接手鱼栏。我的大半生都跟虾酱打交道，要说起做虾酱

昔日澳门渔民在晾晒咸鱼

有什么心得，窍门只有一个，就是用心去做，有耐性地做；时间一久，任谁都能做出好虾酱。

造虾酱的过程算不上太复杂，我们广兴隆至今坚持古法做虾酱，因此用心和耐性很重要，但经验与时间的掌握，才会对虾酱的好坏起到直接影响。

造虾酱，首先必须有银虾仔，但不是一开始拿了银虾回来便磨虾酱的，因为当中夹集了海水，还有其他杂质，一定要经过处理。银虾放得太久，虾肉会泻出来，只剩下壳，就没用了；但如果银虾放的时间不够，海水的味道和虾身内的海水未能全部挪走，也不能造出好虾酱。

银虾经过处理后，便进入发酵过程。它发酵时是很热的，但一下盐便会立即变凉。这个步骤很关键，虾酱做得好不好，就取决于此。如果在它一开始发酵很热很热时便下盐，那效果会好一些；掌握这个时间很重要。

发酵完毕后，便要把它们磨成酱，并隔掉杂质。磨成虾酱以后，现在许多虾酱店便直接入樽拿去卖了，但我们仍坚持古法——晒虾酱。

晒虾酱，首先要晒十日；晒好了以后要跟六七个月前的旧虾酱混在一起，再晒过；当然，不可能连续晒十日，这样虾酱搅拌起来，会好像煲燶（粤语，焦、糊）东西般变焦的，所以晒了两日后，便要搬到室内晾一晾，以后再拿到外面晒两日。

力求完美

工序多，时间长，心思密，这样的古法造虾酱，确实比其他虾酱厂来得费时，我也时常苦闷。现在绝大部分的虾酱店都省却晒虾酱这个步骤，因为需要很多人手，又需要有地方。我们这个做法也做了几十年，习惯了。坚持这样做，是因为经过晾晒的虾酱，跟没有晾晒过的，差别实在太大了。

晒虾酱要晒十日，但晒好了不是立即入樽，而是把六七个月前那些旧虾酱，按比例五十五十混好，然后再晒。之间的分别，可能外人看不出，

传统产品——虾酱

但我们自己知道，味道是很不同的：旧虾酱，味道较香醇，而新的则较刺激；两者相调和，制成的虾酱是最好的。

虽然一般人分辨不出这些细节，但是我还是要一丝不苟，做到最好。有旅客常说，吃着广兴隆的虾酱，会有份“幸福得不能再幸福”的感觉。

见证时代变迁

我小时候没有什么书读，在孔教学校念到初一左右。那时香港沦陷了，澳门也跟住被日本人统治过一段日子。做学生的，书读不成了，因为学校统统关闭。和平以后想要再读书，太迟了。

我自己的前半生，仿佛坐过山车般，高低起伏都尝过。日本仔来的那段时间，求学阶段的我被逼停学，粮食又不足，家里吃绿豆、粟米，整整吃了几年，有钱也买不到食物。到后来那段经济大萧条的岁月，则是什么钱也没有，生活非常困难。当然，苦尽甘来，从美洲回来后，孩子们都长大了，孝顺懂事，虾酱生意也不错，口碑亦渐渐建立起来了。现在的我，可是个快乐的老人呢！

加入氹仔坊会

我加入氹仔坊会有二十多年了。氹仔坊会成立了四十年，而我在氹仔居住了七十多年，见证了氹仔由海岸变成陆地，由村落发展成小城市；又看见坊会成立，体会过坊会成立前后的氹仔生活。

过去氹仔的青年人像我一样，纷纷到外地寻找出路，有一段时间，氹仔是处于人口老化状态的，因为没有青壮年，整个地区都是老人家的天下。没有儿女在身边的老人，当时的政府也没有什么关注照顾，更没有什么组织来团结街坊，当时的气氛是很萧条的。

到坊会成立以后，街坊之间互有联系。现在我仍然是坊会的理事，根据我自己的身体情况，尽量参与坊会的活动，闲来当当义工。像我这个年

广兴隆蚝油虾酱 2

纪仍能帮助人，着实是种福气。

现在的氹仔有生气多了！年轻人多了，所以社会才能不断前进。像我们那时只有老人多，会令社会与风气后退的。现在的老人，孩子们都孝顺，政府又增添许多福利，坊会又提供机会维系与活动，比过去幸福多了！

坚持到最后就是成功

对青年人的期望，我觉得做事最重要是有心，学会坚持，放弃就是失败，坚持到最后就是成功。

我自己回头望一望“广兴隆”，后继我不管了，只要做好自己。用心做好每一樽虾酱，才是最重要的。

“活化石”的回忆

阮子荣 口述

李璟琳 整理

1966年11月发生建校事件，摘自黎鸿健《氹仔情怀》（民政总署，2010年），第188页

1966年，氹仔发生“一一·一五事件”，澳门各界代表为此事件赴澳督府请愿，被澳葡当局殴打，此事激起澳门人民的愤怒，上街抗议，澳葡当局再一次镇压群众，造成市民伤亡，最终引发“一二·三事件”[1]。1967年1月29日，澳葡政府签署认罪书，事件平息。

在这个著名的历史事件中，阮子荣全程参与其中，可以说，他是这两起事件之中的一块“活化石”。

1 “一二·三事件”源起于1966年11月，澳门氹仔居民自筹经费兴建坊众小学，因事先向澳葡当局申请而迟迟未批，遂自行架搭竹棚架，澳葡当局派人强迫停工，当地居民不服，双方对峙。11月15日，澳葡当局出动军警殴打民众，打伤多人。氹仔居民对此表示抗议，并提出五项要求。澳门各界代表亦支持氹仔居民的要求。12月3日澳门各界代表为氹仔事件赴澳督府请愿，澳葡当局派军警殴打代表，致使多人受伤，激起澳门人民极大的愤慨，人们纷纷走上街头，抗议当局的暴行，市内发生骚动，而澳葡当局不顾一切地镇压群众，造成八人死亡，多人受伤。经过市民的一系列要求活动跟中国政府的严正干涉，澳葡当局于1967年1月29日宣布无条件接受广东省人民政府的要求，事件才告平息。

感同身受　萌生办学念头

我叫阮子荣，1925年出生。我读书只到小学毕业。我明白，学历不高的话，找工作会较为困难。当年的氹仔，没有什么学校能够让贫苦居民读书，我的子女都没有好的读书条件，所以我对自己的子女这样要求：你们没有条件完成小学教育，就要到我的船厂工作，在船厂里学习一点技术，有一门技术傍身。

当时我们的子女晚上回到家中，都要帮忙揼炮（粤语，将鞭炮用细绳盘起来），没有什么空余的时间读书，氹仔每一个家庭都是这样。

为了下一代的教育着想，我就向各业工会提出想办一所工人夜校，夜间用工会的会址来办教学。渐渐地，报读的人士增加了，连造船工会的会址也用作教学的地方。后来我与工会人士认为，应该以一个固定地点作为长期学舍，让更多的小孩能够读书，于是我们将工会夜校改为日校。

当时并没有什么资源，我们只能聘请一位全职老师，由医疗所的护士担任义务教师，日校便是这样办过来的。虽然困难重重，但是每一个来日校读书的小朋友学习都非常用功。

因为居民感到学校办得不错，我们就提出扩大办学，后来就成为氹仔坊众学校。

1967年氹仔坊众学校校舍，摘自《氹仔坊众学校建校三十周年特刊（1966—1996）》

“一一·一五事件”缘起

我们筹办日校时，因为没有地址办学，工会便想租借一个地方作为校舍，并且需要寻求师资及资金。在工联支持下，我们租下了现在的熊猫餐厅作为教学的地方，那本来是一间打缆店铺。

我们那时用了一年时间来筹备，1966年，我20多次去海岛市政局申请，希望在那个地址搭竹棚架，将那座建筑物改建成校舍。但当时澳葡政府不肯批准我们的申请。

我们已经租下地方，并已招生及聘请了老师，于是工会便开了多次会议商讨，最后会员及居民一致决定动工，希望能及时开办此校。我们心里都明白，必有事情发生。

1966年11月13日，各业工会开了一个全体大会，总共有300多人参加，在这个会上，我们询问大家是否必须开办此校。大家表示同意如期开办，于是我们便决定翌日动工。我们工会会员也做好了思想准备，无论发生任何事情，都会立即返回工会进行援助。

到了11月15日，便有许多警察来到工会门口，因澳葡政府知道兴建学校的事情，所以对工会有所镇压。有200多名警察，开始在兵炮斜巷围着工会，有百多名工会会员与他们在现在的熊猫餐厅对出（粤语，对面）的马路上斗争。当时我们的情绪十分激动，完全没有想到与警察对抗的后果。

过了不久，警察便派人对工会说：“不如到兵房（即氹仔炮台）上面谈判！”

当时是由那次的警察指挥官与我们一起到兵房的，但后来又通知我们到当时的海岛市政厅，与行政局代局长晏德地会面，于是工会便派了五位代表与他谈判，我是其中一位代表。其余的工会会员便在海岛市政厅外等候。

我们五人踏进市政厅后，被知会由代局长与各人单独见面。我是第一个与他见面的。当时代局长坐在大班椅上，双腿放到桌子上，一副傲慢潇洒的样子，我一进去便立即与他理论，突然有两名警察从房门两侧走出来，把我挟持住并带我到房门外。我的其余四名工友亦不知所踪。

在我步出市政厅的时候，发现氹仔已实行戒严，那条告利雅施利华街的两旁排满了警察。那次戒严，有十多名氹仔居民被打伤送到医院。

不久后工联会发现我们五位代表失踪，便派人四处找寻我们，并在商会里商讨及寻求协助。

我被警察押到海岛市政厅对面的码头，才发现其他四名工友早就被押到船上。我们齐集后，便被押送到澳门，于一号码头上岸。那时天色已黑，他们上岸后便带我们换乘“猪笼车”来到监狱。到达囚室后，见到其中一位囚犯，我们是认识的，那位囚犯非常关心我们，说：“需要吃一点食物吗？”然而我们没有心情吃东西，只要了一点水。

到了当晚九时左右，突然又有人把我们押上车，送到司法处（今塔石球场附近），于那儿让我们办了一点手续，如拍照、打指纹等。

现在想起也好笑，我们每办一项手续的时候，都会吵闹一番，因为当时我们不知道自己究竟所犯何罪。

办完手续后，我们又被押回监狱中。

我们被判刑

翌日早上，于司法处的小法庭开审。法官的名字我已忘记了，只记得当时见到崔德祺坐在一旁。开始时检察官以葡语宣读文件，法官决定判处我们五位代表两个月的有期徒刑，以缓刑执行。我们感到愤怒的是，当时司法处并没有把那份文件翻译成中文给我们看。当法官宣读完判词后，司法处的人员便离开小法庭，而我们五位代表当然立即举手提出反对，崔德祺便对我们说："不用再说，没事了！"

我们当时被司法处罚了六十元作为堂费（审判时所需费用）。我们当然不甘心，崔德祺替我们交款后，便带领我们回到工联。

工联的会员知道我们五位代表还未吃过东西，便准备食物给我们，吃完后，我们到镜湖医院探望清场时被打伤的居民，并检查自己的身体有没有受伤。

在那十多位伤者当中，两位有后遗症，其中一位是菜农工会的成员，另一位是爆竹工会的成员。他们被打伤头颅，不久便去世了。

那次事件发生后，我们经过多次会议，做了一些准备工作。当时也有不少团体及社会人士来慰问，连香港的团体亦对我们进行慰问及援助。

后来因此事持续发展，而引发了"一二·三事件"，大家只是支持氹仔居民，但不幸于此事件中死了八名澳门居民，令澳门及香港十分震动。

后来组成了“十三代表”，我也是其中之一，代表澳门居民与中国政府一起商议如何制裁澳葡政府，最后要求澳葡政府签署认罪书。

有两份认罪书，一份与澳门签署，另一份则是与内地签署。当时内地的火炮全都对准澳门，以防葡人奸计。我记得，其中一条条款是撤销“一一·一五事件”五位代表的罪名，否则到现在我们都还有案底。

反思

“一二·三事件”的影响甚大，我们亦对此事进行了检讨，也接受了批评意见。这些批评对工会自身是有好处的，令我们的思想不会走到极端。

我记得有一次有位外籍人士，把私家车驶进了官也街。当时官也街如现在一样，是不允许车辆驶入的，居民看到这辆车驶进，便围住它，想把车翻倒。我当时刚刚在学校上完课，便匆忙跑到官也街，帮忙劝解，幸好大家也听我的话，只是以口头警告的方式，告诫那位外籍人士下次不要再这样做，没有再进一步采取过激行动。

我明白到，做任何事情都需要冷静思考，这样才能解决问题。

从氹仔别称、海滩说起

以前氹仔被称为“潭仔”，后来可能因为口音关系，渐渐变为“氹仔”。其实它还有一个名字——“龙头环”，有些人还称氹仔为“氹仔龙

旧时新马路美士基打铜像，1966年12月“一二·三事件”中被澳门华人拉倒

头环”。不过最为人熟知的，便是“氹仔”，因其地形是三面环山，由三个山丘围绕，分别是“上沙”“下沙”和“西沙”。为何叫“沙”，而不是“山”呢？因其像一个一个的栅栏，绕在氹仔的周边。沙栏里有现在常听到的“大潭山”和“小潭山”，事实上，它们是过去的“鸡颈山”。

现在的机场控制塔的位置，本来也是一座小山丘，被称为“一粒米”。现在的高尚住宅区“大潭山一号”一带，以前叫“马齐尾”。

氹仔全景图

现在有很多年轻人已经不知道氹仔的别称及其地形的名字了。

如今的科技大学那边一直伸延过去，昔日是一大片空地，没有任何建筑物，但是氹仔居民为了容易相约朋友于那儿等候，并一起去捕蚝，就会为那片空地的不同位置起名字，如“庄东”或“跌死羊咩”等。

知道这些有趣地名的原居民不多了，很多都已过身了。

九澳对开（对面）便是太平洋，这一地理条件使澳门成为渔港。虽然以前只是单一发展渔业，但是相当繁荣。以前地堡街对开的是海港，渔业发达，加上渔业附带了不少其他行业，如造船业、打缆业等。我记得当时的渔船整齐地泊满岸边，若是船身较大的渔船，便会泊在距离岸边较远的深水区域。

近年来随着氹仔的发展，土地不断扩大，居民不断增加，有些已离开氹仔的原居民重返此地时，大多表示现在氹仔已变化了许多。如昔日黑桥街里的黑桥，是用粗大的木杆在河涌上搭建的，当附近的船厂有新船出海的时候，便需要靠船厂的工人把黑桥的木头搬到一旁，才能把船沿着河涌驶到码头下海，接着工人便要搭回黑桥。

传统渔业在氹仔

造船业方面，现在的黑桥街，以前都是造船厂和打缆厂。当时氹仔有很多船厂，如四和、合成、广兴泰和广合等，我学师之前都已经营业。

其实那时候澳门本地造船工人并不多，因为造船业与其他行业一样都有淡、旺季之分，如农历十二月开始，是不允许造船的，我们称为“扎底”，一定要过了翌年的农历正月，才可以开始造新船。

有一些日子是不可以工作的，如清明、农历五月及年尾，都不可开工造船。在聘请人手方面，造船业不可能养活过多的本地长期工人，因为一年里只有一半时间是有工作的，没有本地人愿意做这类型的散工。船厂会到东莞和中山聘请工人到澳门工作。当时内地生活较为艰难，所以很多内地的人也愿意来澳。虽然他们是农民，但他们懂得做一些小木工。在播种后的时段，请他们来工作，到了割禾的时候，让他们回去收割农作物。过了新年后，再请他们来澳工作。

大部分造船工人来自这两个地方，所以船厂的老板出资兴建了两间师傅庙，即鲁班庙，分别被称为中山师傅庙和东莞师傅庙。其中一间师傅庙现在已被拆毁了。

当时澳门的造船业非常兴旺，所以现在北帝庙还供奉鲁班神像。

卖鱼业方面，业内通常分为两季，一季主要卖黄花鱼，另一季则是卖鳍白鱼。那时整条街都会堆满鱼获，如木铎街，在街上有些人会忙着把盐撒上鱼身，制成咸鱼；有些人则忙着把鱼和虾放进箱子里，以便运到香港。

北帝庙

氹仔爆竹业

后来氹仔亦发展爆竹业，因为1927年澳门发生严重的爆竹厂爆炸事故，死了不少爆竹工人，于是澳葡政府便规定爆竹厂必须搬离澳门。当时氹仔有六间爆竹厂，分别是广兴泰、益隆、光远、谦信、宝升和谦源，有1500—1600名爆竹工人。

当时很多氹仔居民以爆竹业为生，一些小朋友还会到工厂帮妈妈插药引。虽然有孩子们帮忙，工作做得更多，钱赚得更多，但是爆竹厂发生任何意外，都有小孩子伤亡。

氹仔爆竹业（1935年）

我年轻的时候，曾经看到一家九口因爆竹厂爆炸而死亡，街上有九副棺材被抬行。每个街坊看到那凄惨情景，都会啼哭。

现在氹仔只剩下益隆爆竹厂的厂址，街坊会曾对政府提出意见，希望此厂址能够保留，日后可成为有关氹仔爆竹业的博物馆。但由于业权的问题，至今仍被搁置。

种植业

当时卓家村里有一个行业，便是种植业。卓家村是氹仔最大的村落，当时因为土地限制使用，很多村民为了发展到香港工作，把其拥有的土地卖出，渐渐地，卓家村土地便变得越来越少。

现在氹仔的商业区也变了不少，昔日的客商街和木铎街是商业区，反而官也街旧时不算兴旺，只有几间杂货店及饼店，皆是居民的小生意。那时居民很少用金钱来交易，多以赊借为主，等到有金钱可周转时，才会还钱。

客商街

若不是居民互相体谅，可能大部分居民都会饿死街头。所以过往氹仔居民的人际关系是非常融洽的，在炎热的夏天，居民都会坐在街上或家门外乘凉，一起谈天说地。

一番辛酸史

虽然当时澳葡政府是弱势政府，但也曾做过一些好事。如当时清朝灭亡，居民生活非常困难，他们手上还持有一些白银，政府便向他们提出收集白银，并可以白银兑换葡币。

二十世纪三四十年代，因当时日本政府向澳葡政府提供白米（但要求以白银向他们兑换），澳葡政府每次可分配十多两白米给每个澳门居民，使百姓得少许温饱。

现在新世纪酒店的位置，本是一座山，澳葡政府征人到那儿开荒，每天的薪金为十二两米。掘出来的泥土便用来充填澳门的新填海区域。对老弱妇孺亦有所照顾，政府会设立两个地点，粥熬好后，在那两个地点派发给他们，因此部分的居民能度过艰难岁月。

在抗日战争时期，虽然澳门处于中立位置，但是有许多居民死于饥饿。澳门有大量的死尸运到氹仔，所以氹仔有三个万人坑，分别位于现在的坊众坟场、其附近一带至孝思坟场。负责搬运尸体到大坑的是囚犯，每排满一层尸骸，便在上面铺一层泥土，尸体被重叠堆在坑中，最后成为万人坑。

现在有些兴建房屋的地盘，在翻泥的过程中，会发现一排排尸骨。

氹仔爆竹厂也有一番辛酸历史。这个行业常常发生意外，所以坊众坟场里，有一片坟墓是属于当时意外身亡的爆竹工人的。由于那儿的墓碑越来越多，所以后来改为以一个墓碑来代替。我们亦要求政府绝不能乱动那片墓地，因此沙岗坟场又被称为“爆竹工人坟场”。

氹仔还有一些义冢，用来埋葬死于灾害的居民。氹仔是海岛，遇上台风的猛烈侵袭，便会有伤亡的报告。甲戌年的风灾就死了很多人。后来因西沙需要发展，在其位置向下挖掘，发现埋有约三百副骨瓮。我第一次看到那个情景，身心都发抖。

旧时氹仔居民最畏惧的就是台风及爆竹厂爆炸。

从氹仔传说说起

我记得小时候听过两个关于排角巨型石鼓的故事。石鼓上刻有“海镜”“碎地”，那里本是一个港湾，现在还可见地上有两块玻璃将两小段的堤矶隔起来，其中一个传说是关于石鼓上的刻字。排角亭以前是一个码头，码头旁边有一个防波堤，与之相连的是一块大石头。相传某年有场风灾，一艘渔船被狂风吹到九澳海域，当晚四周一片漆黑，渔民不知他们究竟身在何处，于是他们站在船板上，远见一点光束，认为那点光是神所赐予，引领他们返回那个码头。渔民们平安回来后，便筹建了天后庙。

天后宫

这个故事传遍了当时的氹仔。当时发出那束光的地方，被称为“海镜”，因而在以前码头的位置，现今排角亭的石鼓上，刻了“海镜”二字。

另外，现在的中葡学校、青年中心，过去是渔民常使用的一大片空地。渔民在那里打绳、织网、晒网等，亦称为“碎地”。旧时那里还有一间庙宇，因土地被政府没收，后被政府拆毁。氹仔街坊会坚持不许政府把那块大石移走或炸毁，因此我们至今能看见排角亭的石鼓。

另一个故事是关于排角的海湾。相传以前氹仔的治安不好，因为没有政府负责管理，居民只好以自卫形式，组织巡逻队伍，以确保大家夜间的安全。但是也有外来的贼子到氹仔“打明火”，即明火打劫。他们会通知氹仔居民何时来打劫，并要求他们准备财物。当时贼子们会在排角亭的位置上岸，由那边开始抢劫，临近天亮他们便会撤退，并且于益隆爆竹厂烧一串爆竹才离开。

由于这群贼子会从益隆爆竹厂附近的街巷逃走，所以其中一条巷被命名为贼仔巷。后来氹仔居民要求政府分配警察到氹仔巡逻，治安才有所改善。

历史的见证者

郑国强 口述

萧洁铭 整理

造船业商会

已经六十多岁的郑国强不仅丝毫没有老态，而且说话声音洪亮，让人感觉似正值壮年。

造船业是澳门最古老的工业之一。退休前一直从事造船业的郑国强，在氹仔卓家村出生，是土生土长的氹仔居民。他不管到哪里工作和居住，最后都会回到氹仔，对他来说，氹仔就是他扎根的地方。他的出生、经历与年龄，使他成为造船工业兴衰，以及氹仔过去六十多年发展的见证者。

二十世纪五十年代的卓家村，摘自黎鸿健《氹仔情怀》（民政总署，2010年），第161页

六代生活在卓家村

我叫郑国强，1942年在氹仔卓家村出生。我家族中几代人都住在卓家村，到我这代已经是第四代了，所以也可算是卓家村的原居民。我在这里成家立室，并迎接孙子的出生。尽管现在他们都离开了卓家村，但卓家村的生活还是令人难忘。

我小时候，家境困难，十一二岁时，已经要帮家人割禾。我有三个姐姐和一个妹妹，除了三姐送给了别人，一家人都挤在约五十平米的房子中。直到我后来结婚，一家八口仍住在这里，十分拥挤。

尽管如此，当时卓家村的居住环境，还是令我怀念。卓家村这些年变化很大，当年虽说拥挤，但是环境没有受到污染，可以种粮食、瓜果，现在却成了废墟。以前出产稻米的农田，在七十年代以后就没有了，现在堆满了废铁杂物。

我们在卓家村居住时，没有什么外来人口，因此从来没有安装过防盗

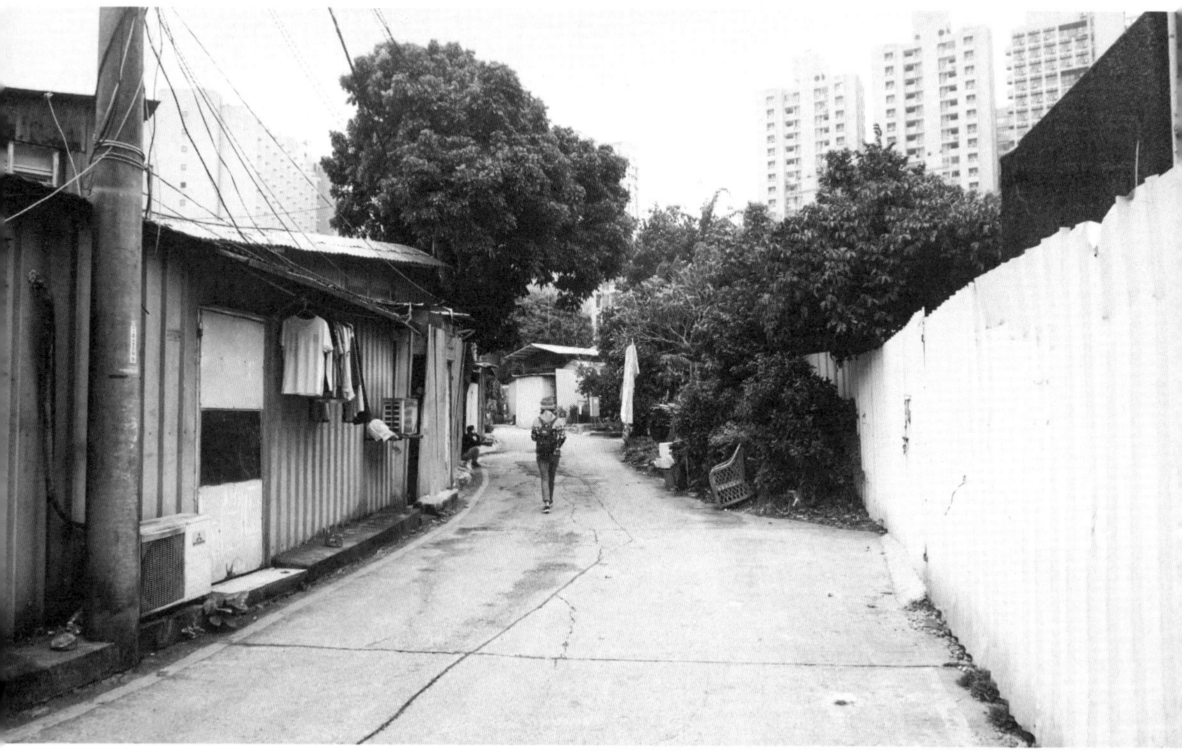

如今的卓家村

设施，也不需要锁门。凡是乡村都会养狗，但这也只是为了防备蛇的出没。那时候夏天没有风扇、冷气，晚上家家都会打开门，睡在门口，一点不用担心治安问题。那时民风好，邻里之间相处也融洽。如果今晚吃糖水，也会舀一碗拿给邻居；如果邻居有事煮不了饭，也可以帮他们煮；如果隔壁是一两位老人家，盛一两碗饭给他们吃也可以。

因为一间屋往往都会住上好几代人，比邻而居不是一朝一夕的事，邻里之间都十分熟悉。现在我们住上了高楼大厦，但是要熟悉左邻右里，要费很大工夫，而且现代人换房子的速度快，楼价高就把房子卖了，真的很难跟邻里搞好关系。

我们小时候的生活范围，离不开卓家村，并不常到市区去。村内每年都有三次祭祀活动：正月是作福，那时候会每人分派一对桔、一包茶叶；农历七月十四是中国传统的鬼节，每年七月尾，村民就会烧街衣；到了年尾就会酬神，感谢祂保佑了村民一年。

每年都是如此，直至二十世纪七十年代，随着地理环境的改变，这种祭祀活动就取消了。

现在卓家村中剩下的原居民不多，卓家也已经搬离这里，但还有几间房屋留下；卓家的祠堂仍在，但已经失修。卓家村有的房屋是很原始的泥墙、瓦屋，相信在氹仔，只有在卓家村还能找到这样的房屋。

由于地理环境的变化、卫生条件不好，为了改善一家人的生活，我在

1987年也迁离了卓家村。我们先是搬去澳门，但是在一个陌生的地方，没办法与新的朋友熟悉起来，于是我们再搬回到氹仔居住，因为只要回到氹仔旧区，我就仍能找到一群朋友，大家早上一起去品茶、聊天。

上学只求识字　离乡学艺谋生

我是家中男丁，在重男轻女的传统下，比姐妹们得到更多上学的机会，父母供我在氹仔圣善学校读至小学三年级。我也是很顾家的，每天放学便回到村内帮妈妈种菜、耕田、养鸡，并不会跟同学们到处玩耍。

因为当时大家的生活环境都差不多，我们这一代的人，至少会上一两年学，只求认识一点生字，以后能读懂一点报纸。一到十二三岁，我们就要学习一门手艺，将来以此谋生。在卓家村中，跟我年龄差不多的人都是如此，有的人学做洋服，也有男生学做女服、西服，学造船的就比较多。

在那个年代，造船是个不错的行业。例如二十世纪六十年代香港的造船业比较发达，造船工人基本上是不会失业的，因为即使没有渔船制造，还有货船、游艇、渡船等很多船种，造船工人的就业范围也比较广泛。

我曾在澳门木桥街学过木工。1960年的春节，有些在香港造船的村民回来度岁。我那时也想学造船，就直接向造船工人探问。那时候氹仔造船工人的开工率比不上香港的，父亲也希望我去香港工作，认为将来的出路会多一些，于是我就跟着回去工作的村民到了香港鸭脷洲，当上了造船的学徒。

初当学徒，附带条件就是要负责煮饭，直至有新的学徒加入，这任务才由新学徒接手。最多的时候，我煮过四十多人的饭。一年多的煮饭经验，把我也练成了高手，遇着煮夹生米饭的时候，倒些烧酒，再盖上锅盖焖一会儿，便可以吃了。旧时没有电饭锅，仍是烧柴火的年代，如果是饭煮焦了，有一股难闻的味儿，我就会盛一碗水，再放一把盐到水中，整碗放在饭中心，这锅饭的异味就可以消除，否则到了吃饭时间，没饭吃的话就会被骂。我用来煮饭的锅子，直径只比桌面小一点。在冬天，这个锅子还用来烧洗澡水。我跟大部分学徒一样，吃住都在船厂。

我们做学徒一共要三年，还有一年补师。补师即技术不是太成熟，一年后，技术足够成熟了，学徒才敢出外工作。

当学徒期间，我们要帮师傅造船。造船有三部分：船头、船中间和船尾。学徒之间也会暗自较劲，希望能做到这些位置，同时也得到一点额外的工钱。

在上学时，我是没有什么目标的，但当学徒后，我给自己定下了目标：要学懂这门手艺，并在这一行业工作。这就是我以后解决生计的职业了。

我只有对造船是最精通的，因为造船没有图可以边看边造，全凭自己的大脑记忆、思考怎样造。干我们这一行，有个好处就是，想什么时候不工作都可以，例如今天工作半天，下午不工作也可以，而且不用请假、填表、讨人情，但这实际上也是个坏处，因为你始终是零工。

造船工人生活点滴

学徒的四年生活过去了。我在香港工作时，认识了澳门一间船厂的公子，他父亲刚好接到一些造船的工作，赶不及做，于是那位公子就叫我一起回澳门，为他父亲工作。那时我也想转换一下工作环境，同时念及年迈的双亲，就答应了这个朋友，回到了澳门。当时的澳门，由跑狗场附近、卫生站对面的木铺，一直至游艇俱乐部都是船厂。

氹仔装船小工（约1950年），摘自李玉田《李玉田摄影集——濠镜写真六十载》（澳门综艺摄影会，1998年），第79页

在我的造船生涯中，最令我难忘的，是在氹仔北帝庙对面的船厂工作时，我曾经救过一个溺水的小孩。现时地堡街麦当劳的后面，以往是一条水很深的坑，造好的船从那里驶出大海。当时我们一群工人在船厂里工作，看见老板跑出去，有个女人跑来喊着，两个公子又跑出去，外面还有一个男人，一共五个人。我跑在最后，看见那个小孩时，他已经沉下去了，仅能看见一点头发，人人都不敢跳下去。既然如此，我便下去救起他。跳下去以后，我这么高都碰不着底，我一碰到那小孩，就抓住他的腿，把他举起来，让他呼吸，再游回去，老板就抱着他走向地堡街，找回他的母亲。

后来我才知道，那个小孩是地堡街的居民，事后还认了老板作干爹。

因为我懂得游泳，所以敢于下水。当时的水一直流动，只看见少许头发，头发已经是焦点，再不去救他，他若完全沉下去，就难找了。其实这是很自然的事。如果我当时稍有犹豫，恐怕小孩就救不回了。

说起造船工人的工作情况，我们有个有趣的形容词——猫型，因为我们像只小猫，小猫要问才有东西吃，造船工人也是常常要四处问人才能找到工作。一个地方没有工作，便要到另一个地方去，因此我以前经常奔走于氹仔、澳门、香港三地。当一间船厂接到生意后，老板肯定喜欢“旧臣子”，未曾在这间船厂工作过的造船工人，老板一般是不会雇用的，因为他不知道这些人能否准时完工。所以如果你在这间船厂工作过，再去问这间厂有没有工作，就比较容易找到。

造船工人并不会固定在一间船厂工作。譬如一个老板，接了一艘船的制造工作，一般是一个半月就要交货，交货之后接不到新的工作，他就解散造船工人，那艘船余下的一些工作，就留给技术高一点的工人完成，如果仍未接到工作，这些技术高的工人也会被解散。但接到生意时，老板也可能会找回这些工人。

如果被解散，不管你在这里工作了多久，都是没有赔偿的。

我们工友都明白团结的力量，当劳资双方出现问题时，就会找造船工会帮忙协商。由于造船工人是流动的，并不会固定在一间船厂，如果老板太苛刻，工人可以不替他工作，换个老板到另一家船厂，也有别厂的老板高薪挖角；所以造船有一个规例：工人一定要完工，才可以去另一间船厂，后来更是规定了工人在钉完波桥，即“行路板”后，才可算是完工。

经历造船业盛衰

1987年，有个我当学徒时已经认识的朋友提议，让我在澳门造船，造好后他把船拖到香港装潢、出售，大家一起做生意。就这样，我在氹仔开设了永合船厂。

朋友的这个提议，也跟香港、澳门两地造船工人的工资差距日渐变大有关。六十年代，两地日工资均是两元，到了八十年代末，香港是每天四百多元，澳门还只是每天百多元。

九十年代初期，香港的楼价很高，有一名芬兰人突发奇想，把游艇当成住家来居住。这一想法随即吸引了国泰航空公司的高层人员，他们有十万八万的房屋津贴，既然租房也需要钱，不如将津贴用作一艘船的月供费用。这些游艇内部装潢很漂亮，中、西式都有，而且一艘船也只是四百万左右，到合同期满后，他们可以把船出售，或是寄回老家。如此一来，他们尽管没有船，也有一笔钱离开，可如果是租房住，钱跟房子都会没有了。

有时候转变、适应是很重要的。我也随着市场的需要，由最初造游玩时钓墨鱼的船，改为造游艇。我造的游艇主要材料都是木材，也使用纤维板。在早期是先铺甲板，再铺上纤维板的，但因为有冷气抽湿，木材会收缩，而纤维板就不会，且木船的维修也比较困难，后来就全部改用纤维板了。

永合船厂是氹仔的最后一间船厂。随着氹仔的发展，在1990年，我迁入在路环荔枝碗租的船厂。那时候租金高达一年十二万，而且不管你有没有船只制造。后来有的船厂没有生意，又或是不愿意做生意，就把地方腾出，按每艘船出租。

在路环工作的时候，我仍居住在氹仔，因为有了路氹公路，所以来往路环、氹仔都很方便，只是当年的路氹公路没那么漂亮而已。

我在造船业工作了四十多年，见证了造船业的衰落。我的船厂最后的几年，一年只有一两艘船的生意，而我寻找造船所需的木材也比较困难，尤其是柚木，它在澳门的销量不好，使得木铺都不肯进货。我在制造最后

路环荔枝碗船厂一角

路氹地峡（后为路氹连贯公路）（1968年），摘自《氹仔路环》，第43页

昔日连贯公路出口处，摘自路环街坊四庙慈善会印赠、林荣泉整理的《海岛季报》

路氹连贯公路建设中

两艘船时，要亲自到香港找木材，托香港船厂的朋友买回来澳门，而且中间还需要有香港的出口文件、澳门的进口文件，多方面配合之下，才能买到这些木材。如果没有木材的话，有生意也是做不了的。

2004年，环境所迫，我只能把船厂结束了。

忆想当年话开心

小时候，生活虽然穷困，但是我们有开心的童年。没有玩具也不要紧，放假时可以去捉鱼，夏天捕蝉，入秋还可以捉蟋蟀，生活简单却十分快乐。现今我对我的子女说，你们基本上吃的是爸爸给的，穿的是爸爸给的，有什么忧愁？只要读好书就可以了。除非踏入社会后，才会有顾虑，因为工作

若泽·卡特拉乘乌伯特·克鲁兹的飞机在空中拍摄的氹仔和路环的照片 1

若泽·卡特拉乘乌伯特·克鲁兹的飞机在空中拍摄的氹仔和路环的照片 2

有压力，而读书时，只要专心读书，解决好学习上的问题便没有压力。

凭着造船的手艺和一些副业，还有我太太勤恳持家、照顾子女，以及种菜、养鸡等，我们两人解决了一家八口的生活问题。我的五个子女都成了大学生，他们健康地长大，有好的生活，是我多年来辛苦工作的最好回报。

氹仔今天的面貌变化确实很大，生活比以往好多了。以前我们撑小艇去澳门，后来渐渐有渡轮，然后兴建了大桥，可以乘公共汽车。像我这样的年龄更轻松，只需三角钱便可乘车到路环，这就是社会的进步，也是政府回赠给我们的。

若泽・卡特拉乘乌伯特・克鲁兹的飞机在空中拍摄的氹仔和路环的照片 3

若泽·卡特拉乘乌伯特·克鲁兹的飞机在空中拍摄的氹仔和路环的照片 4

过去我们退休是没有保障的，但是今天有了工联会的努力，争取回来了社会保障基金，还有劳工保障、劳工法。前人种果后人收，后人收果无忧愁。我现在有子女供养，有社保，每年还有政府发的津贴，可以说是比上不足、比下有余，虽然是不足够，但也不能全赖社会。

飞仔话当年

廖水　口述

陈丽嫦　整理

广元堂中药房 1

廖水于20世纪50年代随父亲来到澳门，在氹仔一家中药铺打工，从学徒到老板，风风雨雨几十年，见证了澳门氹仔的岁月流逝与发展。

与药为伴

我叫廖水，1935年在广州新兴出生。1950年，因为我父亲在澳门定居，我从绍兴直接乘船来到澳门。当时的澳葡政府对移民的管理并不严格，大陆居民不用办理任何手续就可以过境。我初到澳门时，在新桥区居住，曾在粤华中学就读两年，但因家境不好，在初中毕业前辍学。

为了谋生，我在1953年前往氹仔广元堂打工。广元堂是一家药材店，位于官也街，以本地客源为主。当时澳门百余间药材店中，氹仔占了三间。

广元堂中药房 2

目前全澳持中药房经营牌照的商号约九十家，其中四至五成设有中医，全行业从业人员约五百人。澳门的中药材大多数来自内地，另有部分参类由韩国、美国和加拿大进口。澳门的中成药材及中成药的总代理是南光贸易公司。由中药咨询委员会和消费者委员会联合提出，在本澳合资格的中药房设立“中药”两字标志的建议，获得政府有关部门批准实施。该标志的设立旨在杜绝不属中药房的商号经营中药，使中医、中药行业的经营规范化。所有的药材都是来源于内地，澳门是批发地。

我刚入职时，只是当一名学徒，到后来才升级负责“执药”。我们学徒工作时间长达十多个小时，从早上八点开店到晚上八九点，主要工作是补充药材，把药材晒干或是切好，帮顾客熬药等，做一些杂务。旧时一包药只需几毫，我每个月有三十元的薪金，算是行业里的标准薪金。我的工资相对于生活水平来说并不高，到新年，定做一套棉袄需要四十元，我一个月的工资都不够支付。

药材店的社会地位跟士多（杂货店）差不多，中药店甚至不在银行办理店铺担保的抵押范围内，因为大家普遍认为中药店的资本不高。

我们药材店只有三名工作人员，医生、老板跟我。按行业惯性规定，伙计有固定薪金，但医生的薪金随不同的需要而有所改变：有些药店，老板包医生食宿，每月只是象征性地给予少许酬劳；有些医生则在每位病人的诊金中抽取一两毛的佣金作为报酬。

中医师要经过专门的药理学习才能正式看症，当时是用毛笔或墨水笔来开药方。医师会应病人的要求而外出诊症，有些病人因为行动不方便，便会邀医师到家中诊症，收费会比平常的价钱贵一到三倍不等。

最近这些年，有一些医师为了提高营业额，故意把药单的文字写得很丑很乱，让别人看不明白，使病人只能在该药房购买中药。

到了二十世纪八十年代，我从一个亲戚手中接下了在氹仔嘉模墟的同仁堂的生意，独立开创同仁堂这盘生意。与此同时，广元堂的大老板去世，由女儿执掌生意，我从中协助广元堂营业，于是两间药材店便合并了。

1983年，我把同仁堂搬到官也街，广元堂原址不变。后来因为业主收回店址，所以搬往现在的地址。

氹仔的水路交通

旧时没有大桥，氹仔跟外面的交通主要靠水路。在排角亭这个地方，会定期停泊一艘货船，有一些被叫作“行街”的人，是货船与离岛店铺和澳门批发市场的联系人。商户会把所需的货物写下，并把信函交给“行街”，由“行街”转给澳门的批发市场，然后再把商户要求的货品经货船运往离岛，再分发给商户。“行街”会根据商品的价格多少收取手续费。

客船与货船的停泊位置不一样，但所有来往澳门及路环的渡海轮船，均在氹仔码头停泊。码头位于氹仔炮台，二十世纪四十年代兴建的。在

排角亭

此之前，只有埠头，由于水浅，渡海电轮抵埠不能泊岸，只能以小艇接驳。码头建成后，渡海小轮直接泊岸，旅客上下方便、安全。码头一侧辟有小花园，风景幽雅。

澳氹大桥及路氹连贯公路通车后，一般人都舍水路而取陆路。轮渡自然停航了。此处原为葡人建于同治年间的军用码头，此码头一直使用至1974年嘉乐庇总督大桥落成之后。

码头前方有两条公路，其中一路设有巴士站，由氹仔公共汽车公司经营。每日班次与澳氹电轮对应，即澳氹路电轮载客抵埠后，有公共汽车自

氹仔与路环间的渡船（1936年）

竣工阶段的嘉乐庇总督大桥（1974年）

氹仔码头开返市区；当澳氹路电轮开行返澳半小时，公共汽车即自氹仔市区载客赴码头，班次主要视澳氹路电轮每日往返次数而定。

巴士的终点站分别是氹仔码头、海岛市行政局前地，全程收费两角。

氹仔以爆竹业为主，当时的人口有万多人。每当暴风雨来临，氹仔海岸线便会停泊不少小船。当时的捕渔业都不太蓬勃，更多的是打缆。人们用竹、麻等混在一起弄成缆或编织渔网，供渔船使用。

打缆工具简陋，像桥凳似的木架上设置活动铁钩，连带搅手，将麻线放在钓架上搅动，将数条线绞成幼绳，再将数条幼绳合在一起绞成粗绳。有时一人操作绞架，另一人处理麻线，有时四个人分操两个绞架对着绞绳。

六十年代氹仔的小区生活

当时的小区很太平，邻居们都非常熟悉对方，即便夜半更深也不用关家门。夏天热浪来袭，在没有风扇或冷气的日子里，居民们会把“马扎”(即木折叠床)搬到门前睡觉，或用木板作为床板在前铺睡觉。如大同社会一般，这样的环境，基本没有贼人出没，家家生活得平淡而实在。我们居民家中没有什么东西值得偷的，偷了也不见得可以卖好价钱。

以前氹仔官也街不像现在那么兴旺，手信店林立。最旺的反而是木铎街和客商街，那边的铺户价值较高，原因是当时渔船停泊在地堡街沿岸。木铎街和客商街多是杂货店、食店或金店等。全氹仔共有金店三至四间，

客商街

而原址占了两间金店。此店在二十世纪四十年代时已经存在，二十多年前才结束营业。

氹仔区以本地居民为主要消费对象，居民每逢出粮（粤语口语，发工资），便到杂货店交还货钱，那时的交易方式主要是赊数，商户会把客人购买的东西如米、油、柴等，写在小本子上，客人出粮后就把小本子拿回来，根据东西的价格付清账单。粮期是半个月，所以每半个月结数一次。如居民仍有余款，便到金店里买金。

当时没有银行，爆竹厂的或一般的工友们每天早出晚归，不放心把辛辛苦苦赚来的血汗钱放在家里，便到金店购买金器，用一个通空的条带，把所买的金器放进去，然后作裤头带之用，缠在腰间，方便上工时随身携带。

氹仔中心的建筑

氹仔在以前只是渔农合一的小村，没有什么城市规划。最常见的是两层的木屋、瓦片面平房，最高也不过三层，能建三层的都算是富裕人家了。房屋都平实之至，历经百多年风雨，依旧不倒。

往日熙来攘往的，除了木铎街、买卖街（杂货店、食店跟金店），还有嘉模墟。嘉模墟是以前的官方菜市场，木亭中间位置卖鱼、卖猪肉，有两摊是卖杂货的，也有小吃店。木亭的旁边有一棵大树，一些屠夫直接用绳把牛捆在那边，现宰现卖。宰猪就有一个专门的宰猪房，每天最多宰八只猪，逢年过节就多宰几只。现在已经停止运作了。

以前我们煮食，用具都很简陋，没有什么石油气炉或电炉，柴和炭是主要燃料。以前卖柴或炭的店铺，多位于现坊众小学后侧，顾客要亲自到店面下订单，通常以百斤为订购单位。

旧兵房（现址是解放军兵营）多居住一些政府高官如市政厅厅长、警察厅厅长等。由于氹仔的居住条件较差，后来他们也陆续搬回澳门住了。卓家村（现关帝庙后）有一个摩啰兵营，早在四十年前已经不再有人驻守。

买卖街

解放军兵营

现址是农林厅的卫生所，只有一个医护人员驻守，本地居民可以得到免费医治。现氹仔图书馆左边，有一座南欧式建筑物，曾为官校。1956年由当时的市政机构——海岛市地方委员会改作“氹仔留产所”，免费为当地贫苦居民提供接生服务。七十年代开始，成为明爱老人中心所在地。

工会生活

1966年，氹仔已经有各业工会，每月会费不到一元，做会员也不需要登记任何身份证明文件。每逢开会，都要靠人口相传，没有正式的书面通知。

最盛大的庆祝活动是国庆节，会安排放电影及唱革命歌曲。表演的艺人是从澳门工联或商会请过来的，其中最受居民追捧的是镜湖医院的歌舞团，歌舞团由医护人员组成。

这些国庆活动都是南光公司大力支持的，举办的活动及播放的电影多是有关新中国的，参加者还会获得印有毛主席头像的徽章。活动不收入场费，氹仔市民都可以进场观赏，场面盛大热闹。所放映的电影是从澳门的工联会(即现在的岐关公司)租借来的，各业工会的工作人员需要到工联会址领取。工作人员把电影机放在木桌上，投射在墙上的白布中。虽然设备简陋，但这个微小的不足已经融解于快乐的气氛中。

最难忘的事

1966年发生的“一二·三事件”，最令我难忘。我间接参与了这个事件。应该是“一一·一五”那天，当时情况很混乱，有一些工友被砖头打破头，我便带伤者回药铺治疗。由于我害怕被官员逮捕，就偷偷带伤者回我店铺的厨房，用狮子油帮他们敷治，包扎好后便让他们从厨房的后门回去，不敢光明正大地从正门出去。

当时参加的人多是工会的积极分子，很少有商家参加，因为怕被西洋鬼子报复。那天早上，有上百个警察和军人在那里，配备着长枪或短枪，意识到事态严重，不少人奋起，把石头和瓦片掷向他们。

廖水后来于2015年又接受其他机构的访谈

自此之后，我便开始参加坊会的工作，通常是白天工作，晚上参加，晚饭过后就是合适的参加时间。

我们本着义务劳动的精神，参加各业工会的活动。当时工会在现在的松柏之家对面，只是一间小小的木屋，后面有一个舞台，可容纳百多人。

希望看到飞仔兴旺

梁少佳　口述

黄少杰　整理

二十世纪五十年代中期旺记东主梁旺夫妇在店铺前，摘自黎鸿健《氹仔情怀》（民政总署，2010年），第120页

梁少佳是一位平凡的氹仔居民，他在这个小区生活了半个多世纪。每天早上，他都会到旺记茶餐室打理生意，打烊之后，他就到街坊联谊会处理本区事务及会务等，默默地为这个小区的坊众做工，时至今日，风雨不改。

童年乐趣

我叫梁少佳，1943年出生于氹仔。我家中有八人，父母亲、嬷嬷（即奶奶）和五兄弟姐妹。我小时候就住在卓家村的祖屋里。当时我们家生活十分艰苦，父亲务农，全家差不多靠种植两亩田地来维持生计，还有一些小外快，如扎鞭炮等……

记得我四岁时，由于家境贫困，曾在寒冬季节里，只穿着一件类似现在卫生衣的单衣和一双木履在寒冷的街道上行走，这段记忆我一直不忘。

小时候，家中经济不允许，我没有任何玩具，一件玩具就像是一件非常奢侈的物品。对当时的大部分氹仔小孩来说，水就是我们唯一的娱乐。水带给我们很多很多的快乐。当时我喜欢在炎夏的时候与友伴一起到山溪旁玩水和捉鱼，玩水带给我们欢乐，而那些“战利品”还能为家中添上一两道“鲜”味。

我十岁的时候，氹仔码头开通了，交通较为方便，可以乘船来往澳门、路环。当时我便和一些同学存上几元的零用钱，购买船票和零食，到澳门旅行。

潜移默化

我入读的学校是氹仔的圣善小学。这是一所教会学校，所以要学很多基督经文和唱赞美的诗歌。我的记忆力很好，能背诵很多经文和诗歌，因

氹仔码头，现位于海岛市赛马会附近（约1968年），摘自李玉田《李玉田摄影集——濠镜写真六十载》（澳门综艺摄影会，1998年），第88页

圣善学校

此教师和神父们都很喜欢我。五月份是他们的“玫瑰月”，在这个月里，每天都要为圣母献上鲜花，还要“献神花”，就是在一个箱子里放一些为圣母做的好事，比如：为了圣母，我今天好好打扫了班房……

在这样的环境之下，我深受基督教爱人如己思想的熏陶。

小学毕业以后，我就到澳门濠江及圣若瑟中学读初中和高中。

当时入学读书，只有少数家庭能负担得起，而氹仔岛的居民入读中学的，更是寥寥可数。除费用问题外，当时中学的教学内容非常艰深，是另一个原因。虽然如此，我当时依然入读中学，而且在班上有不错的成绩。

直到现在，我仍能够背诵许多诗词古文，从中也学习了不少儒家的忠、孝、仁、义之道。这些都融入我的头脑，成为我做人处事的依据。

经营茶餐室

我父亲后来转业经营茶餐室生意，就是现在的旺记茶餐室（2016年结业）。我中学毕业后，在外边打了几年工。后来父亲生病，不能再亲自经营茶餐室，同时，我姐姐亦结婚了，我只好被迫回家接手父亲的茶餐室生意。当时我已经加入工会，成为工会的一分子了。

结业前的旺记咖啡

我接手经营茶餐室后，生意还算不错，但平淡的茶餐室工作并没有给予我发挥所学才能的机会，讲起来也是有遗憾的。

见证当年

在旺记茶餐室里，我目睹了1966年引发“一二·三事件”的“一一·一五事件”。

氹仔坊众学校的兴建工地，就在旺记附近。当时澳葡政府禁止坊众学校的兴建以后，工人和教师们纷纷起来反抗，然后澳葡军警来到工地，用武力驱赶在场的工人、教师。后来事情进一步扩大，演变成为澳门著

1966年氹仔坊众学校临时校舍，摘自《昔日路氹——澳门海岛图片集》（海岛市政厅、澳门历史学会，1994年），第71页

名的“一二·三事件”。

后来澳葡当局终于让工地重开。工地得到各界帮助重开后，一群又一群的志愿人士加入坊众学校的建设工作，我也参与其中。当时我与一班街坊去搬运建筑用沙，并组成搬沙队。我是学宣队（毛泽东思想学习宣传队）的队长，受教育程度较高，所以担任了搬沙队队长。

搬沙的日子非常辛苦，每天晚上六点，打理完旺记茶餐室的生意，我就和队员们到俄罗斯水塘（现在海洋花园处）取沙，从水塘底部把沙取出，然后一个接一个地把沙传递上去，工作到十点多才回家休息。

这样的生活，日复一日，持续了四个月。

在一众热心人士的努力下，终于完成了坊众学校的建造工程。

氹仔坊众联谊会

1968年，氹仔坊众联谊会成立，我是联谊会的创会会员。联谊会的主要工作就是团结坊众，为街坊排难解纷。

在嘉乐庇总督大桥未开通前，联谊会做过很多事情。当时氹仔岛不发达，岛上居民用水很不方便，我们曾组织送水队为街坊送水，也曾帮助救火、救济有困难的街坊等。

后来联谊会还参与了坊众学校的管理工作，当时我兼管坊学管理委员会的文体部工作，负责组织筹办各项康体活动，例如足球和篮球比赛等，还邀请澳门的队伍到氹仔比赛。

氹仔坊众联谊会活动

二十世纪六十年代氹仔居民正在取水， 摘自《昔日路氹——澳门海岛图片集》（海岛市政厅、澳门历史学会，1994年），第65页

二十世纪六十年代氹仔居民正在运水，摘自《昔日路氹——澳门海岛图片集》（海岛市政厅、澳门历史学会，1994年），第65页

青黄不接

随着大桥的开通，来往澳门变得更加便利，氹仔居民的生活和居住环境也有很大的改善，但同时，外来移民日渐增多，氹仔坊众联谊会所能发挥的功能也渐渐减弱，现在更是出现了青黄不接的情况。

近些年，一些氹仔的古庙无人打理，我们一些人便接管了这些庙宇。现在我们管理着医灵庙、北帝庙和天后庙这三间古老的庙宇。

为着保存这些氹仔的传统及文化遗产，为着氹仔居民，我愿意尽我最大的努力。

医灵庙

北帝庙 1

北帝庙 2

北帝庙 3

天后宫 1

天后宫 2

细看小岛半世纪的变化

陈永昌 口述

冼嘉宜 整理

昔日氹仔岛市内全景鸟瞰，摘自《昔日路氹——澳门海岛图片集》（海岛市政厅、澳门历史学会，1994年），第7页

氹仔岛位于澳门半岛与路环岛之间，昔日渔船环岛满布，鱼香处处飘，民风纯朴。今天，美轮美奂的欧式建筑矗立于氹仔的大街小巷，中西建筑相互交融，既古老又新颖，既宁静又充满活力，成为游澳旅客必到的胜地。

有人说，无论氹仔如何随着时代的步伐急速发展，周遭的楼宇如何擎天摩登，也无法掩盖那种耐人寻味的葡式情调，也无法抹去古色古香的中式风格。陈永昌在氹仔生活了五十多年，细看着小岛半世纪的变化，体味着澳门的历史变迁。

由上海到澳门

我叫陈永昌，大家都叫我昌叔。我1923年出生于上海，祖籍广东南海。我家中除双亲外，还有一双弟妹。1937年，爆发了“七七”事变，“八一三”事变后，日军攻占上海，我们举家迁往故乡。

后来我们家在香港居住过一年，1938年定居澳门。因为战乱，我失去了上学的机会。我们家在上海的时候，生活相当困苦，辗转定居澳门后，我父亲又不幸过世，我那时大约十五岁，就要肩负起养活全家的担子。我经常奔走于湾仔、佛山、前山之间，做些买卖洋杂百货的生意。

那时的澳门，因为饥饿而死的人很多，遍地死尸，惨不忍睹。大家都只能拼命工作，赚回来的一点点钱只能买很少的米，拿回家煲粥吃。

在那个艰难的时期，大家都没有朋友可言，邻居都是老死不相往来。到了后来的和平时期，大家再次相遇，才知道原来对方也幸存了下来。

1945年抗战胜利后，我做过拉车、担泥、捡烟头和新年建设等工作，后来又做小贩。1954年，我才踏足氹仔。

在旧时的澳门，那些葡萄牙人随时都会拘捕市民。以往由康乐馆到沙梨头一带，小贩林立，货品各式各色，但只要警察出巡，所有小贩都抱着货物逃走。倘若小贩想继续经营，就要向那些警察派来的小混混交费，小档交三仙（仙，也叫“先零”，以前澳门币的单位，相当于现在的一毛钱），大档交六仙。

其实我想，这也不全是洋人的错，只能说当中有很多人都贪污受贿，中饱私囊。

旧时的澳门，一度盛行拉车行业，我做过拉车仔的工作，曾经遇上洋人乘客，他们不但不付车费，还很粗暴地对待我。那真算是“法西斯统治”。

氹仔——又一新天地

1954年，我初到氹仔，就自立门户，经营一间小商店，以打铁器、做水桶和卖缸瓦为生。这家商铺现今依然存在，“陈永记”的招牌依旧高挂。

以往氹仔是没有自来水的，居民都依靠打井水为生，所以他们都光顾我的店铺，订做打水用的小铁桶。

过往氹仔市面相当繁盛，现今地堡街一带都是海岸，日常都有数十艘渔船靠岸，要是遇上台风天就更多。氹仔除了有着为数不少的渔民外，岸上还有在爆竹厂工作的工人，因而相当繁盛，金铺、杂货铺一应俱全。

我踏足氹仔时，还没有“街坊互助会”这个团体，只有各业工会、爆竹工会和造船工会。我加入了各业工会。各业工会的会址是一间木屋。

1913年左右氹仔海面的渔船，摘自《昔日路氹——澳门海岛图片集》（海岛市政厅、澳门历史学会，1994年），第10页

成立各业工会的原因，在于长久以来，澳门的华人常受到葡人的无理对待，所以各个行业有感于必须团结起来，成立工会，维护工人的权益。氹仔地小人少，造船工会可以成立起来，但是其他行业呢？理发师只有三个，打铁的就只有我一人。所以，在氹仔，只要是工人，就可以加入各业工会，各业工人互助会因此成立。

那时氹仔人口只有一千多，但各业工会的会员有数百人。在澳门半岛，各街坊会纷纷成立，我们一帮人也感到氹仔有必要顺应时势，成立街坊会，因此，氹仔街坊会就成立起来了。

氹仔街坊会的故事

氹仔街坊会成立于1968年，至今已经四十年了（采访时为2008年）。街坊会创立的直接原因，源于1966年的“一一·一五”斗争。由它形成的导火线，引发了引起澳门境内外高度关注的“一二·三事件”，一场澳门人争取民主斗争的活动。

氹仔坊会就是“一二·三事件”以后成立的。

那时我们的生活虽然算过得去，但是新成立社团所需的经费，的确存在很大问题，所以创立氹仔坊会之初，部分经费是由私人募捐的。氹仔坊会成立之初，连会址都没有，只能向各业工会借用会址。后来，坊会接管了一些街坊的物业，改变其用途，便成了坊会的会址。现今中国银行那里，以前是一间打更馆，因是街坊的物业，所以由街坊会来接管。后来我们以三十多万把那间打更馆卖给了银行，街坊会再用那笔资金筹备会址。

所以说，氹仔街坊会得到了广大街坊的支持，大家同心合力，发展爱国工作，联合广大的居民，争取市民的合理权益。

我在氹仔坊会担任主席，到后来街坊总会成立，各坊会有义务派成员参与总会的工作，我就代表氹仔坊会，成为街坊总会的一员。

只要是街坊有事情要投诉，找上街坊会，我们街坊会的理事一定会尽力帮助他们。有时候，有些街坊要求坊会跟政府交涉某些环境问题，这些

氹仔街坊会活动持续多年 1

氹仔街坊会活动持续多年 2

也都是我们理事们的工作。

1986年，澳葡政府改组市政厅，要成立一个行政委员会代替市政厅改组工作，澳门区派代表五人，离岛区派代表三人。澳门就选派了刘光普，氹仔就选派了我。那时的总督，特别喜欢跟中国人打交道，邀请我们到澳督府对话，提出希望共同搞好离岛工作。另外，在签署《中葡联合声明》的仪式中，选派了五十名代表观礼，我是离岛的代表。整个离岛只选派了一名代表。

我自己只是坊会中的一员，没有什么特别之处，能够为街坊做点事情，是我最高兴的事。

对澳门以及氹仔的期望，我是这样想的：澳门回归中国，是我们一直期待的，现在澳门已经顺利回归并且稳步发展，我自己也已经做了力所能及的工作，算是功德圆满了。日后的工作，是年轻一辈应该接手的事情了。

龙环葡韵 1

龙环葡韵 2

龙环葡韵 3

饼香满溢

高培基 口述

陈达尧 整理

晃记饼家

氹仔的官也街，是一条著名的购物街，包含了各种各样的澳门特色手信，也是氹仔的历史街道之一。这弹丸之地，在时代的发展步伐中，保留着自身的独特色彩，保留着很多历史悠久的老字号店铺。

晃记饼家——官也街手信店之一，是澳门传统的老字号饼店，经过几代的经营，留存至今，在官也街默默地奋斗了近两个世纪，见证着氹仔的沧海桑田。现在晃记饼家的负责人是高培基先生，他风趣幽默地笑谈了饼铺的成长过程。

生于斯　服务于斯

我叫高培基，1949年出生，是土生土长的氹仔原居民。我一共有六个兄弟姐妹，我排行第五。

我童年印象最深刻的事，是兄弟姐妹们一起帮父母打理店铺。在大人工作的地方，往往充满着很多新奇有趣的事物，厨房就是最特别之处，那里有很多东西都是我们小朋友不常接触和不能碰的。越是不能碰，我越是感兴趣，父母亲制饼的过程，就最令我好奇。

在充满饼香的环境中长大，我对制饼产生了独特的情怀和热诚。

我对学校的印象一般，因为学校所教的东西理论性很强，学了都不知道有没有实际用途。学校有一部分教师是从内地来的年轻人，教学经验不是很足，当教师只是他们暂时的工作，月薪约在百元以下。

尽管如此，教师们都很热心地教导学生，同学们也很努力学习。当时我们的学习风气十分好，但因为家庭贫困，很多学生都是半工半读，放学后便要回家工作或处理家务，有一些白天要工作，晚上回夜校读书。

我读书是在孔教小学，它在一间天后庙里面，教学环境十分简陋，只有两间课室和一个天井，课室里有三个不同级的班在上课，一、二年级和三年级在一起上课，四、五和六年级在一起上课。

1965年孔教小学师生摄于校门前，摘自黎鸿健《氹仔情怀》（民政总署，2010年），第16页

孔教小学利用天后庙偏殿作课室，摘自黎鸿健《氹仔情怀》（民政总署，2010年），第18页

氹仔的孔教小学与澳门半岛的孔教小学没有关系，所以后来没有变成教业中学。现在的孔教小学已变成一间酒家，水井和庙宇都没有了，真的好可惜。

在孔教小学读到五年级，我就过了澳门半岛，在致用小学完成了小学课程，之后在圣何塞学校读到初中毕业。

在六十年代来说，初中毕业已经算是高学历了，年轻人初中毕业后便投身社会工作，我也一样，初中毕业后便踏入社会工作。后来因为澳门求职困难，1967年我过了香港发展，担任收音机的维修员。

1975年我从香港返澳门，回来氹仔的饼铺帮手，一直服务至今。

晃记茶楼　几代人的耕耘

我翻查先人遗留下来的文献，晃记饼家在清朝光绪十八年（1892）就已存在，一直到我爸爸的那段时期都是茶楼，名叫“晃记茶楼”，后来因为社会的发展，1972年间转型成“晃记饼家”。

早先的茶楼，最闻名的点心是“清蒸排骨”，当中的关键是材料新鲜。以前氹仔的屠场在旧城区的上面，在深夜时分便开始屠猪，三四点钟就有人来拿猪肉，这时的猪肉最鲜嫩。我嫲嫲拿到猪肉便开始调味，制成“清蒸排骨”。当时的顾客喜欢把猪仔包点排骨汁一起食，食得津津有味，碟里的排骨汁一点都不会浪费掉。

晃记饼家的招牌

除了清蒸排骨和猪仔包外，牛肉、烧卖、叉烧包、莲蓉包、白糖糕和钵头糕也很受欢迎，中秋节和春节等传统节日，茶楼也会制月饼和年糕等。

早先的生意额其实有限，尤其以抗战时期影响最大，那时我们家连自己的生计也难维持，差点饿死！

当时街上有很多人饿死，政府就把死尸通通搬去氹仔的坊众坟场，很多尸体堆在一起，市民便把那里称作“万人坑”。幸好当时没有出现瘟疫，否则氹仔便是最严重的疫区。

当年我家人工作真的很辛苦。嫲嫲早上四点便要为制排骨做准备，父母五点准备早市，一直要工作到晚上十点，再打点一阵，打烊已经是十一点了。

饼铺有今天的成就，靠的是每一代人的拼搏和艰苦经营。

传统缴费形式——集数

光顾茶楼的顾客，一般是本地的制船工人、爆竹厂工人和街坊。虽然每天茶楼都座无虚席，但其实一天的收入还不到三元。很多顾客喜欢在茶楼聊天，叫一壶茶和一份点心，便在茶楼坐很久，一壶茶才斗零（即五仙硬币），且可以无限量地加水，排骨才三毫一碟。这是当时的普遍现象，市民的消费水平不高，顾客大多数在茶楼打发时间，不会怎样叫东西吃。

当时茶楼流行一种缴费方式——集数。顾客食完东西后不会立即缴费，而是待集齐一个总数，数个月后或初一、十五出粮的日子才一次缴交欠款。集数也有一个限期，年尾时一定要缴清所有费用。

集数这种缴付形式，给当时的茶楼业带来一定的压力，若顾客“走数”，茶楼便没有足够的资金购买材料，导致茶楼有时也要向货商赊货。并且光顾晃记茶楼的一部分顾客是爆竹厂工人，他们这个行业的工作十分危险，若不幸去世，那笔茶数便化为炮灰了。

旧时的氹仔，集数是一种十分流行的缴费方式，若茶楼不准许顾客这样缴费，那他们可能不会再光顾，会去第二间准许他们集数的茶楼。

集数一般限于熟客和街坊，陌生人一般都不能集数。

从茶楼到饼家

晃记茶楼伴随着澳门的发展而发展、变化而变化。我父母打理茶楼多年，感到要改茶楼为饼家，才能持续发展，于是在1972年间，他们把晃记茶楼改名为晃记饼家，从此专心制饼。

1974年，澳氹大桥通车，给氹仔带来大量的人口和财富，饼铺的生意也有大得益。当时饼铺的生意达到最鼎盛的时期，我也因此于1975年回饼铺帮忙。三年后我父亲因病去世，我便接手了饼铺。

晃记饼家一直都是沿用传统的手作饼形式，以前在现址的对面铺头制饼，现在制饼在二楼，对面铺头改为货仓。还有一间饼铺现在卖掉了，原先里面有一个炭炉，用来烘饼。

烘饼是这样的：炭炉好像一个灶，里面有一个很大的平底锅，锅的下

晃记饼家操作间，工人正在制饼

晃记饼家货仓

橱窗中正待出售的饼

晃记饼家前排起了长队

面是木炭燃烧的地方，平底锅的上方有一块大铁片，也是用来烧炭的，且有四条大铁链吊着，铁链需要用一块大长木条来拉动。铁片就像一个锅盖，不过上面是放炭燃烧，而不单单是保温功能。若要升高铁片，便要用木条来拉动，这样才能放饼和取饼。

我父亲以前一直坚持用炭炉制饼，后来因年纪渐大，不能像年轻时挥洒自如地烘饼，便决定试用电炉焗饼，最后证实制成品的味道与炭炉制成的相差无几。因为无论炭炉还是电炉，都是靠热力来把饼烘熟，就好像旧时的炭熨斗一样，都是炭生热后才熨衣服，与现在的电熨斗生热后才熨衣一样。

手作饼最考验师傅的经验和功力。如制作一个咸切酥，搓面粉时要力度适中，水分的多少要掌握得好，不同的面粉吸水力也不同，所有步骤管理妥当，才能制成“皮薄馅靓”的咸切酥。

现在我的饼铺，一日可以生产几十打饼。饼铺八点半开铺，我便要和伙计准备制饼，制成后，由其他伙计包装，之后便陈列在铺面销售。一直持续到晚上九点半才打烊。

我现在没有制月饼了，原因是一个中秋节下来，利润不是很高。若生产月饼，你要准备一班熟工制饼，中秋节过完，便要立即落订下年中秋节的材料，如莲蓉和蛋黄等，所有材料都从内地进口，然后在澳门加工制成月饼。

以前我与我父亲制月饼的材料都是自己亲手制作的，所以制出来的月饼与别家不同。

氹仔的发展，给晃记饼家带来了很好的市场环境。以前晃记的客源都是本地人，占生意额六成，但现在七成的客源都是游客，而且现在氹仔的人流量十分多，假日更甚，给官也街的手信铺带来了很多商机。我们这些手信商家，算是遇到好时候了。

后继乏人

从现在来看，我还想多工作几年再退休，但是制饼这个行业在澳门，很少有年轻人愿意加入，因为需要当三年的学徒，这跟外面赌场的工作相比，差太远了。之前我收过一些徒弟，他们都放弃了制饼这行，我很惋惜！

FABRICA DE PANCHÕES
IEC LONG
廠竹炮

飞仔爆竹厂春秋

陈　达　口述

李妙玲　整理

1960年宝升爆竹厂开幕，摘自黎鸿健《氹仔情怀》（民政总署，2010年），第191页

熙来攘往穿梭的“发财巴”，气派豪华的各式娱乐场……时光匆匆，我们已来到二十一世纪的澳门新时代，赌博业成为澳门经济的“龙头大哥”。

在与澳门仅一海之隔的氹仔，我们突然闻到猪扒包的香气，再移步往前，便看到一座黄色建筑物——益隆爆竹厂。陈达，见证了澳门爆竹业的兴衰。

氹仔广兴泰爆竹厂

我叫陈达，在广东东莞出生。我家共有三子两女，我排行第三。

小时候，我家里很穷，家庭收入主要靠耕作，一日三餐都未必得到满足。当时东莞虽有一些书斋设在祠堂里，但我由于家贫，并没有得到读书的机会。我要与牛做伴，每天去放牛。

1945年左右，我同乡要我来澳门从事爆竹工作，当时我对爆竹一点都没有认识，但为了生计，我毅然选择来到陌生的氹仔……

广兴泰爆竹厂（二十世纪五十年代），摘自黎鸿健《氹仔情怀》（民政总署，2010年），第189页

五十年代的氹仔，人烟稀少，但爆竹厂林立，宝升、广兴泰、益隆等七间爆竹厂，支持着澳门的工业经济。当时很多居住在氹仔的人，都是在这七间爆竹厂里工作。我当时任职于广兴泰，工作主要是搬货、卖货、楼面散货；我的人工是二十五元一个月，分两期支薪，第一期是初二，第二期是十六，每期十二点五元。

当年的广兴泰厂很大，员工有九千多人，是氹仔爆竹厂中规模最大的。每一个制炮做炮的工序，都由一个专业的部门负责。不过，由于某部分员工工作时粗心大意，意外还是时有发生，入药、做药所发生的爆炸，经常造成不少员工伤亡。凡因工死亡者，公司都有三百元赔偿金，且负责入土及身后事。

爆竹厂中唯一的禁忌

为了减少工伤，在爆竹厂里，禁止有糖及其制品存在。原因是糖易引致爆竹发生爆炸，即使糖水也不能进入工厂，工人每每把家人送来的糖水在工厂外饮完，才能回去工作。糖可说是爆竹厂中唯一的禁忌。

拜“师父”

除此之外，员工们会在初一、十五的时候，去拜拜“师父”的神灵，祈求工作平平安安，大吉大利。

广兴泰爆竹厂的较药及入药房，摘自黎鸿健《氹仔情怀》（民政总署，2010年），第193页

广兴泰凿炮工厂外，女工聚集在树荫下凿炮（二十世纪五十年代），摘自黎鸿健《氹仔情怀》（民政总署，2010年），第197页

年初是旺季

我在广兴泰工作，得到的福利，根本不能与现今相比。那时我们通宵工作，没有工钱，只有消夜；年尾没有红花，充其量是在年底的时候，公司会出售下栏的东西(公司不要的东西)，然后再把卖的钱分给员工，这就是广兴泰员工所谓“分红”。

每到年初，往往是广兴泰最忙的时候，因为很多美国商人来广兴泰位于香港的总公司订货，然后澳门广兴泰爆竹厂按单赶造，完工后再从澳门运到香港，经香港的港口运往美国。由于七月是美国的国庆，需要大量爆竹，在七月前，我们需要工作至夜深，整个广兴泰都在坚持不懈地作业。

远离爆竹

虽然氹仔有很多人从事爆竹工作，美国人也很喜欢澳门制造的爆竹，但是氹仔居民却很少用爆竹庆祝节日，原因是爆竹令不少人失去生命，所以一般人除了养家糊口，万不得已，都不会也不愿接触爆竹。

结束爆竹业生涯

1968年，我离开了广兴泰。广兴泰及其他爆竹厂，都因为各国禁止输入爆竹而生意惨淡，最终都没能避免结业的命运。从1945年至1968年，我从事爆竹行业达二十三年，在广兴泰，我终止了爆竹业生涯。

其后我来到益隆厂，当时益隆已经停产，工人已经解散。我为什么会来到益隆呢？以前我老婆是在这间爆竹厂工作的，由于益隆厂的地皮被老板买下，需要找人看守，所以聘请我负责看“地盘”。我现在算是益隆爆竹厂的员工。

虽然我现在已经不直接参与爆竹的制造工作，但是我仍有加入氹仔爆竹工会，一年的会费是三十六元。

六十年的氹仔生活

我在氹仔生活已有六十多年，目睹了氹仔的变化，现在的氹仔高楼大厦与赌场林立。我亲历了澳门爆竹业由盛转衰至走向消亡的过程。我觉得自己好像已被人们遗忘，始终属于我的行业已经不存在了，现在我只是抱着活一天干一天的心态，守护着寂静的益隆爆竹厂……

爆竹、火柴和神香，曾为澳门三大传统手工业。二十世纪七十年代以后，制衣、针织、彩瓷、电子、玩具和人造花等行业，逐渐取代传统手工业，开始支配澳门经济。爆竹行业在八十年代步向夕阳。

位于氹仔施督宪正街西侧的益隆爆竹厂，是澳门最大、最完整的爆竹厂，虽然停业良久，但外貌和内部结构还算完好。益隆爆竹厂见证了氹仔的发展变迁，这座具有八十年历史的传统工业遗址，是否能以活化石的方式一直保留下去呢？目前澳门社会还在讨论之中。我们希望我们的下一代，能够重温澳门爆竹业的百年沧桑。

益隆爆竹厂 1

益隆爆竹厂 2

旧时卓家村

卓　英　口述

李妙玲　整理

氹仔卓家村（约1948年），摘自李玉田《李玉田摄影集——濠镜写真六十载》（澳门综艺摄影会，1998年），第76页

卓家村，在澳门人眼中陌生又似曾相识，位于氹仔岛，是澳门最古老的村落之一。卓英，就是卓家村的原村民。

读书不多

我叫卓英，1928年出生在氹仔卓家村。当年卓家是以大家族的形式聚居在一起的，有四房人，我父亲排行第二，所以我属于第二房。

由于卓家村没有学校，我小时候需要到氹仔嘉善堂附近的学校求学。我读三年级那一年，因为我家收入都是靠耕作，无力供养，只好辍学。我只学会了少许的中文、数学。

没有书读，我就在家里帮忙务农，空闲时，我们就玩波子耍乐。我曾在路环当过泥工，工钱二十元一天，也曾在爆竹厂里做过装线的工作。

我1957年结婚，育有四子三女，现在更有了孙儿，可谓儿孙满堂了。

热心参与坊会工作

2007年，氹仔街坊会授予我奖项，表扬我多年来热心地为街坊服务。其实，我除了是氹仔街坊会的理监事外，还参加了很多的社团：菜农合群社、菜农工会、矿业工会等。

氹仔村民联谊会

1964年，我就加入了氹仔村民联谊会。

氹仔坊众联谊会会所落成（约1974年），摘自《昔日路氹——澳门海岛图片集》（海岛市政厅、澳门历史学会，1994年），第83页

说起1964年创会的氹仔村民联谊会，会址就在氹仔卓家村桔仔围。当年氹仔有一幅地，后来被我们成功购入，于是我们就在这幅地上建了一间小木屋，这就是氹仔村民联谊会的会址。

我是联谊会的第二名会员。创会初期的一两年，会员有百余人之多，木凳、长凳都需要数十张。一年的会费为三十多元。

氹仔村民联谊会的会员来自不同的村落，每逢国庆和会庆，联谊会都会联合其他工会，包括造船、菜农、矿业、爆竹工会的会员，聚在一起吃饭庆祝，大家都相处得相当融洽，会员间也没有发生过什么事需要联谊会协调或帮忙。

不过，现在氹仔村民联谊会已不再像过去那样兴旺了，只余下三十多名会员，会址的其中一部分已分租出来，开了一间凉茶铺。

联谊会宗旨

我保存了一些旧资料，上面有氹仔村民联谊会的宗旨：

1.本会以促进村民热爱社会主义祖国，维护村民正常权益，搞好团结互助，办好福利康乐事业为宗旨。

2.凡氹仔卓家村、三家村、周家村、坭基村、西沙村村民，同意本会会章，均可申请加入本会。

3.会员有选举权和被选举权，并享有本会所举办之宣教、康乐、福利事业之权利。

4.会员应依时缴交会费，遵守会章，服从决议及协助会务。

5.如违反会章，破坏本会行为，理事会视其轻重，给予适当处理。

岁月的洗礼

不得不说，我们这个氹仔村民联谊会如今其实已经名存实亡。从会章可以看出，氹仔村民联谊会由卓家村、三家村、周家村、埞基村、西沙村等村村民组成，但由于时代的变迁，很多会员渐渐离世，其下一代亦离开

卓家村附近的孙逸仙博士大马路 1

卓家村附近的孙逸仙博士大马路 2

卓家村附近的孙逸仙博士大马路 3

土生土长的村落，希望能觅得更好的生活环境。就我们卓家村来看，卓家村从前有七八十人，但后来卓氏家族的很多人离澳到香港生活，现在卓家村只有数户人家居住，部分迁入者都是异姓人。

因此村民联谊会也一样，逃不过时光的洗礼，只能成为历史的印迹、发展的痕迹。

身在此村中

最令我难忘的，是当年的“一二·三事件”，当时氹仔情况很混乱，我只好带着妻儿一起逃跑，躲避到安全的地方。

氹仔岛，起初是一个不起眼的小渔港、小村落，曾经只有爆竹厂和造船厂，如今大厦林立、赌场繁多，一派现代化都市景象。

我是看着这一切变化的，一切都来得很快，来得很美。但无论如何，我对于卓家村的情怀始终如一，由出生到现在，我始终生活在这里，居住在卓家村内我那小木屋中。熟识的环境，让我一生都离不开这里，离不开我的村落。

如今的卓家村 1

如今的卓家村 2

如今的卓家村 3

如今的卓家村 4

半生“益隆”缘

孙根 口述

骆嘉怡 整理

益隆爆竹厂围墙

从1964年起，孙根叔就在益隆爆竹厂工作，厂里结业后，也一直住在这里。五十年爆竹厂的沧桑，他都看在眼里。

半生“益隆”缘

我叫孙根，又名孙天龙，1924年出生，祖籍广东中山。我1964年到澳门生活，在益隆爆竹厂当厨子。爆竹厂结业后，我仍居住在厂的遗址，直至今天。我这一生，见证了澳门爆竹业特别是益隆爆竹厂的兴衰。

以前，爆竹厂有几千个工人，有辫炮的、搓炮的、切炮的等等。我虽然是做厨的，不过很喜欢周围去看，看做爆竹的每一个过程。事实上，我最初到澳门时当的是杂工，当了四个月，后来厨子不够，厂长认为我的家常菜做得不错，便转我去做厨，一做就是几十年。

工厂结业后，剩下我和厂长，后来厂长也死了……

我现在已经八十多岁了，但是身体还很好，我可以带你们到厂里看看……

迷信成性

在爆竹厂做事，大家向来很小心。以前起炮师傅（俗称起炮佬）有八个，起炮时见到有披头散发的女人便不开工了，很信邪的。

大家做事永远都很小心，放置饼炮时小心翼翼，绝不会随便乱扔，因为一擦便会有响声，就好像小孩玩的那种“呯呯炮”，一拍便发响。

做爆竹这一行的人，往往很迷信，也有不少忌讳，例如不会说“烧”字，讳火事，因为爆竹厂尤其是起炮房内，常会发生火灾或爆炸。平日买烧味时，只会说买“金肉”“金鸭”，不会说“烧肉”“烧鸭”，更不会说“烧爆竹”，只会说“放爆竹”。

你要懂得这些忌讳，这可是入行的基本要求。而这些忌讳，更是可以令外行人一下子就认出你是从事爆竹业的人士。

高危行业

爆竹厂常常发生爆炸，一年最少会有四次。曾经有一次，我在做饭时，突然听到炮响，立即跑出来，见到烧着了一个大姐，赶紧把她抱到水池，把她救活。但是她被炮烧伤的皮肤，是永远好不了的，即使好了，烧伤的位置也永远是黑黑的。

因为常会发生意外，爆竹厂内每间工房外面都设置有隔火墙，隔火墙用砖头砌好，火烧不了，一间工房有事，工友便立即跑到墙的另一边去躲。

当然除了隔火墙，每间爆竹厂都必定置有救火塘，救火塘永远注满水，然后有救火机，泵水来救火。以前塘内的水很干净，有很多鱼。当然工友食用的是水喉水（自来水），不会用救火塘的水。但做炮引，则一定要用井水，因为水喉水有碱味。

至今益隆爆竹厂内仍留有不少隔火墙与救火塘的遗迹，有的墙皮剥落几分，有的完好无缺，但是很多乱草。

工序繁多　谨慎为上

爆竹的两大组成部分分别是炮药（成分：银粉、硫黄、白药。银粉黑色，从外国输入，中国没有生产）和药引（成分：炭粉、硝）。而制造爆竹过程十分烦琐，起炮、辫炮、搓炮、切炮、盅药、焙引等，有十几个步骤，每个步骤在各自所属的工房或工厂内完成。

在我们厂里，“盅厂”“起炮房”“焙引房”等，每个地方步骤都不同，每步走来都必须细心小心，一不留神，便会酿成大祸。

造炮工序多，主要有“起炮佬”“带黄仔”“杂工”等分工。起炮佬一大早返工，把脚抹干净，不穿鞋子，一步一步走进起炮房，人是不敢拖脚行的。他们主要负责搞好白药、硫黄、银粉。因为白药一接触到硫黄或砂糖，就容易爆炸（现在爆石用的也就是白药加硫黄这个原理），这就是起炮房常常发生爆炸的原因。

硫黄没有白药时是不会响的，用火烧也烧不着，一旦加进白药，经摩擦便会响，容易烧着、爆炸。同样，不遇硫黄，白药怎样也不会发响。有一次，一个盅药引的工人盅白药时，买了个白面包在吃，突然“呼”的一声爆了，因为白药加了砂糖也会发响的。

二十世纪三十年代初的益隆爆竹厂只有几间疏落的厂房，摘自黎鸿健《氹仔益隆爆竹厂》（澳门特别行政区文化局，2015年），第49页

二十世纪三十年代初益隆爆竹厂的两间打引房，摘自黎鸿健《氹仔益隆爆竹厂》（澳门特别行政区文化局，2015年），第49页

而带黄仔是管药引方面，即炭粉、硝那些。他把炭、硝舂成粉，晒干，然后用筛筛去杂质及大粒子，搓好，然后再晒。

晒好的炭粉送进焙引房，用慢火焙干，然后慢慢把硝药加入。以前是用炭焙的，后来改用大炉焙，这是焙引。

至于像我们杂工，负责搬搬扛扛的，也必定小心谨慎，决不能乱扔爆竹，即使一箱箱爆竹造好入箱，搬运箱子时也得轻放，否则亦可能爆炸。

爆竹基本成形后，会送到下环街，请那里的人帮忙搓炮、辫炮，搓完再切，切好便封好，然后送回工厂。

造爆竹的最后一道工序，便是把造好的一卷卷爆竹绑好，绑成八角形，叫“勒角”，这个工作可不是每个人都能够做的。

那时还没有澳氹大桥，来往交通就靠船只。益隆爆竹厂内有条涌，以前很深的；没有车，我们便用两只船，通过这条涌送货出去，送到澳门那边。

工厂停业后，这条涌也见证着工厂渐被高楼大厦包围，变成一沟死水。

化学污染　死于非命

我说的“起炮佬”，他们经常死于非命，除了起炮房容易发生爆炸以外，更大的原因是长期吸入银粉、硫黄、白药等致病而死。起炮佬一天只做两小时工作，他们白天干干净净地到工厂，但会黑漆漆地回家。起炮佬没什么人愿意做，愿意做的多数是白粉佬，因为赚到钱也没命享。

当然从事起炮的人，收入非常可观。当时我做厨子，一个月赚六十元，当警察的一两百元，而起炮的有六百元。但是他们真的是用命去搏，常吸入那些银粉等，弄得心肝脾肺都是黑色，排粪是黑色，连咳嗽时吐出的口水也是黑色的。

我在厂内几十年，看见那些起炮的，都不过三四十岁便死掉了。以前又没有保险，即使有保险公司也不会肯替你保的。很多起炮佬死后，厂里便买个棺材给他，伙计们一人凑一元，就办好身后事了，哪里像现在这样，会赔偿一百几十万。

爆竹厂内家庭工

起炮工作是高危工作，而造炮的其他工序，相对就简单安全了。旧时住氹仔的小孩子，几乎个个都进过爆竹厂，到放假时他们也很忙的，因为要到爆竹厂帮妈妈搓引。

氹仔爆竹业，摘自《昔日路氹——澳门海岛图片集》（海岛市政厅、澳门历史学会，1994年），第76页

以往住氹仔的大姐们，大部分都在爆竹厂工作过，主要是搓引。昔日氹仔没什么工厂，只有火柴厂和爆竹厂。但你是进过爆竹厂的，即使你跑到澳门，周围的人也都能嗅得出那股硫黄味。

爆竹厂还有一个特点，就是那些当杂工的，一旦被一家爆竹厂辞退，其他的厂也不会录用，但可以到火柴厂去。这个现象，算是爆竹厂之间的默契吧！

那时候，爆竹厂会不会续用你，到年初二时就会知道。续用的，就在那天给你一百元，以后每个月会在你的人工里扣回十元。

沧海桑田　徒添慨然

八十年代初，实在没有办法了，益隆爆竹厂在无可奈何下终于锁上大门。逐渐荒芜的益隆爆竹厂，成了当今澳门仅存的爆竹厂遗址。

我见过很多大明星在这里拍过戏，像周润发的《北京监狱》。也有不少香港的大学教授、各地学者来到这里，让我领他们在厂内参观。近年更多的是过来玩枪战（War Game）。

旧日爆竹厂辉煌的日子已不复见。当年在人来人往的工厂，有我们自己饲养的牛、羊，种的一些蔬果；每间工房、各位员工，各司其职，算得上热闹繁盛……现在回忆起当年，还是很怀念的。

小资料

曾经风光　难逃坎坷

澳门爆竹业二十世纪五六十年代兴起，与当时的神香业、火柴业鼎足成本澳三大手工业。1962年，有宝升、同昌、谦信、益隆、光远、谦源、广兴泰、合利八间爆竹厂，工人共三千九百多名。

四十年代中期，抗战结束，至六十年代末，爆竹业发展至高峰。七十年代，内地打开美日市场后，澳门爆竹输出受禁，而本澳平日也禁烧爆竹，没有什么市场。在种种不利因素影响下，本澳爆竹业一度受挫。

1974年中美建交后，双方协议直接进行通商、贸易，澳门爆竹业无法与内地同行相竞争，逐渐式微。

历史上澳门的爆竹厂发生过不少惨剧，1925年，澳门台山爆竹厂失事爆炸，死伤工人逾千人。澳葡政府下令关闭所有爆竹厂，勒令其迁离澳门半岛到氹仔经营。

曾是澳门八大爆竹厂之一的益隆爆竹厂，于二十世纪八十年代初停业。爆竹厂位于氹仔施督宪正街西侧，占地逾两万平方米，是今存澳门最大、最完整的爆竹厂，其外貌和内在结构基本完好，成为历史的见证。

有关部门一直有意活化益隆爆竹厂，将其改建成爆竹业主题公园，也许未来能让游客回顾澳门爆竹业的百年沧桑。

附录：氹仔口述历史资料

受访者	出生年份	访谈日期	受访时年龄	访谈地点	访谈员
潘健康	1930年	2008年7月	78岁	广兴隆	曾晓瑜、骆嘉怡
阮子荣	1925年	2008年7月	83岁	阮先生家	曾晓瑜、谢楚倩、李璟琳
郑国强	1942年	2008年8月	66岁	离岛妇女会	李璟琳、萧洁铭
廖水	1935年	2008年8月	73岁	氹仔坊会	李璟琳、陈丽嫦、李妙玲
梁少佳	1943年	2008年8月	65岁	氹仔坊会	李璟琳、黄少杰
陈永昌	1923年	2008年8月	85岁	陈先生家	李璟琳、冼嘉宜
高培基	1949年	2008年8月	59岁	晃记饼家	李璟琳、陈达尧
陈达	不详	2008年8月	不详	益隆爆竹厂	李璟琳、李妙玲
卓英	1928年	2008年8月	80岁	卓先生家	李璟琳、李妙玲
孙根	1924年	2008年8月	84岁	益隆爆竹厂	李璟琳、陈达尧、骆嘉怡